URGENT
HELP

Gabs

RÉUNIONS y'en a marre !!!

EYROLLES

CHEZ LE MÊME ÉDITEUR

GABS. – JISSEY. *Management je me marre !!!*
G03560, 21 × 21, 61 pages, 1992.

GABS. – JISSEY. *Communication je me marre !!!*
G03570, 21 × 21, 64 pages, 1993.

GABS. – JISSEY. *Commercial je me marre !!!*
G03577, 21 × 21, 64 pages, 1994.

GABS. – JISSEY. *Entreprise le climat pourrait bien s'améliorer !!!*
G03580, 21 × 21, 72 pages, 1995.

GABS. – JISSEY. *Changement je me marre !!!*
G03581, 21 × 21, 64 pages, 1997.

GABS. – J.-G. MILLET. *Lapsus révélateurs de la vie de bureau !!!*
G03582, 21 × 15, 56 pages, 1997.

F.-M. PONS. – M. DE RAMECOURT. – GABS. *Ces mots qui en disent long !!!*
G03587, 13,5 × 21, 72 pages, 1999.

GABS. – D. LAURU. – P. BERRIAU. – J. GABILLET. *Tout est psy dans la vie.*
G03588, 14 × 21, 96 pages, 2001.

GABS. *Clients y'en a marre !!!*
G11030, 21 × 21, 112 pages, 2002.

J.-G. MILLET – GABS. *Nouveaux lapsus révélateurs de la vie de bureau.*
G11250, 17 × 21, 58 pages, 2003.

Autre éditeur

GABS. *La vie en entreprise*, l'Usine nouvelle, tome 1, 1998 ; tome 2, 1999.

ISBN 2-212-11306-4
www.editions-eyrolles.com

Sommaire

Introduction

Le cadre est un animal sociable qui vit en groupe. Il recherche la compagnie de son semblable pour se réunir à la première occasion. Ensemble ils fixent une date, généralement tôt le matin, et décident d'un lieu pour se rencontrer, échanger leurs idées et s'enrichir les uns les autres... et ça marche. Au terme de la réunion, ils sont tous d'accord sur le fait qu'ils auraient pu se passer de cette réunion.

Mais le cadre est un animal sociable qui aime et perpétue les rituels. Ils se quittent donc en ayant fixé la prochaine date d'une autre réunion... et c'est ainsi que les sociétés évoluent !!!

Commencez sans moi !

Horaire • Timing • Convocation •
Ponctualité • Retard

LUNDI MATIN...
JE NE VEUX PAS ALLER A L'ÉCOLE !!!...
JE NE VEUX PAS ALLER EN REUNION !!!...
GABS.

CLIC!
08 30
SALLE DE RÉUNION
VITAMINES
GABS.

NON!!! PITIÉ, NON!!!
si
Si!
si!
si!
RÉUNION
GABS.

METTEZ-VOUS À L'AISE MARTIN, VOUS SEREZ LIBÉRÉ À 16H30 !
GABS.

AVANT 18H30
ON PREND DES DÉCISIONS
AU-DELÀ, ON PREND
DU RETARD !!!
GABS.

DÉSOLÉE !
LA BABY-SITTER
EST MALADE !!!
GABS.

MOI JE SUIS VENU POUR LES CROISSANTS !!!
07 10
CLAC !
GABS.

C'EST PAS DE MA FAUTE : LE RÉVEIL ! LES ENFANTS ! LES BOUCHONS...
0945
VOUS N'OUBLIEZ PERSONNE ?
GABS.

ÇA FAIT 10 MINUTES QUE J'ATTENDS ET Y'A TOUJOURS PERSONNE ?
TOILETTES
EUH... VOUS VOUS ÊTES TROMPÉ DE SALLE...
RÉUNION
GABS.

SI JE COMPRENDS BIEN : Y'A L'HEURE D'ÉTÉ, L'HEURE D'HIVER, ET LA VÔTRE MICHALEAU ?
GABS.

LE RESPONSABLE DES CLÉS EST EN RTT!!!

RÉUNION
GABS.

COMMENCEZ SANS MOI !
UN JOUR ON TERMINERA SANS VOUS !!!
GABS.

RÉUNION
EFFECTIF
COMPLET
GABS.

BIEN ! À L'ISSUE DE CETTE RÉUNION ON A PRIS UNE DÉCISION : TOUT RETARDATAIRE SERA VIRÉ !!!
COUIC ! COUIC !
GABS.

Qu'est-ce qu'on fait là ?

Ordre du jour • Objectifs •
Cahier des charges • Méthodes •
Présentation

JE VOUDRAIS ORGANISER UNE RÉUNION OÙ L'ON VIENDRAIT AVEC PLAISIR ET D'OÙ ON SORTIRAIT ÉPANOUI...
UNE RAVE-PARTY QUOI !!!
COM
GABS.

RÉUNION
PORTABLES
CIGARETTES
GABS.

MARTIN ?
PRÉSENT !
GABS.

BON ! Y'A DEUX OPTIONS : SÉRIEUX OU DÉCONNEUR ?
GABS.

ORDRE DU JOUR : FINIR AVANT LA NUIT...
GABS.

ALORS...
POUR QUE CET ORDRE DU JOUR SOIT À JOUR, IL SERAIT PRÉFÉRABLE DE LE TRAITER CE JOUR, AFIN DE NE PAS AVOIR À LE REPORTER UN AUTRE JOUR !
ORDRES DU JOUR
DES QUESTIONS ?
GABS.

COMMENÇONS
PAR LES POINTS FAIBLES,
ON LES CONNAÎT !!!
GABS.

JE VOUS ÉCOUTE : QUI CONNAÎT L'ORDRE DU JOUR ?
SORTIE
GABS.

MAUVAISE NOUVELLE ; NOUS EN SOMMES À LA 325e RÉUNION ! BONNE NOUVELLE, NOUS SOMMES DANS LE LIVRE DES RECORDS !
GABS.

VOILÀ... JE VOUS AI RÉUNIS POUR MIEUX NOUS CONNAÎTRE !!!

POUR FAIRE SIMPLE REPRENONS LES IDÉES DES GROUPES PRÉCÉDENTS !!!
PAS CON...
GABS.

ALORS, JE RÉPÈTE : ÉCOUTE, ÉCHANGE, ESPRIT D'ÉQUIPE... C'EST PARTI !!!
MOI
MOI
MOI
MOI
MOI
MOI
GABS.

EUH... C'EST QUOI DÉJÀ LE THÈME DE L'ATELIER ?
TERMINER AVANT 16H !!!
GABS.

BÉNISSEZ NOS ACTIONNAIRES, PROTÉGEZ NOS CLIENTS ET DONNEZ-NOUS LA FORCE DE NE PAS FAIRE DE CONNERIES...
GABS.

Le slide est illisible

Paper Board • Power Point •
Aide visuelle • Rétro projecteur • Métaplan

VOUS ÊTES SÛRE! VOUS AVEZ BIEN CONVOQUÉ TOUT LE MONDE PAR email ?
ILS FONT DE LA PRÉSENCE VIRTUELLE !!!
GABS.

NON, NON!
ON A DIT PAS
DE 360°!!!
GABS.

DINGUE! TOUT À L'HEURE ÇA MARCHAIT!
FAUT RECONFIGURER!
ET SI ON APPUIE LÀ?
TOUJOURS RIEN...
GABS.

ENCORE UN POWER POINT?
OUI!
OUI
OUI!
OUI!
OUI!
GABS.

QU'ON M'APPELLE LE RESPONSABLE DES ACHATS!!!
VITE...
GABS.

PAS TOUS
EN MÊME TEMPS
S'IL VOUS
PLAÎT !!!
GABS.

20 QUI CAUSENT
1 QUI BOSSE...
GABS.

C'EST TRÈS SIMPLE : UN CARTON POUR UNE IDÉE !!!
Y'A TROP DE CARTONS...
GABS.

ON EST BON POUR UNE AUTRE RÉUNION...
...CHEZ UN OPHTALMO!!!
GABS.

Moi je sais... mais je ne dis rien !

Idées • Échanges • Prise de parole • Brainstorming • Animateur

TOUT LE MONDE
EST LÀ POUR S'EXPRIMER,
MAIS SI CHACUN SE TAIT
ÇA IRA PLUS
VITE !!!
GABS.

BÉATRICE VOUS SEREZ GENTILLE : TROIS CAFÉS, DEUX THÉS ET UN CHOCOLAT... MERCI !
ON AURA AU MOINS PRIS UNE DÉCISION...
GABS.

ON EST TOUS DES GENS INTELLIGENTS AUTOUR DE CETTE TABLE : ON PEUT TROUVER DES SOLUTIONS !!!
C'EST PAS DANS LE CAHIER DES CHARGES !!!
GABS.

ET QUE FAISIEZ-VOUS AU MOMENT DE LA PRISE DE DÉCISION ?
ON ÉTAIT EN RÉUNION...
GABS.

NON! NON!
PAS VOUS MICHALEAU!
VOUS AVEZ DES
IDÉES SUR
TOUT!!!
RÉUNION
GABS.

NON! NON!
SOYEZ GENTILS!
GARDEZ VOS REMARQUES
POUR PLUS TARD!
STRATÉGIE
ÇA FAIT 10 ANS
QU'ON LES GARDE...
GABS.

BON ! QUI A DES IDÉES ?
GABS.

ON AURAIT DÛ SE RÉUNIR PLUS SOUVENT AVANT DE PRENDRE LA DÉCISION DE SE MARIER...
?
GABS.

ON A BESOIN D'UN OEIL EXTÉRIEUR! POUVEZ-VOUS NOUS AIDER?
GABS.

COMPTE TENU
DE LA CONJONCTURE
NOUS ALLONS NOUS RÉUNIR
BEAUCOUP MOINS ET
TRAVAILLER UN PEU
PLUS...
GABS.

IL DEVIENT URGENT DE FAIRE UN EFFORT SUR LA PARITÉ... JE NE SUPPORTE PLUS LA PERRUQUE !!!
GABS.

POUR UN GARS QU'A RIEN À DIRE, IL LE DIT BIEN !!!
GABS.

COMME MON BEAU-FRÈRE, LA COUSINE DE MA FEMME PENSE QUE...
MICHALEAU, C'EST UNE RÉUNION DE TRAVAIL... PAS DE FAMILLE !!!
GABS.

La cloche a sonné !

Pause • Break • Temps-mort •
Café, jus d'orange, cigarette, portable •
Mi-temps

RÉUNION
GABS.

GLOBALISATION OBLIGED, FROM NOW ON OUR MEETINGS WILL BE IN ENGLISH, BUT THE BREAK RILLETTE-VIN ROUGE IS MAINTAINED!!!

GABS.

PiPi...
GABS.

ET MAINTENANT QU'EST-CE QU'ON FAIT ?
ON VA BOIRE UN COUP !!!
GABS.

SOYONS PRAGMATIQUES : FAISONS UNE PAUSE !!!
GABS.

MOI, MES QUESTIONS JE NE LES POSE PAS AU MOMENT DE LA PAUSE !!!
GABS.

AND NOW...
THE PAUSE!
YEAH!!!!!!!!
GABS.

Pendant ce temps on ne bosse pas !

Efficacité • Utilité • Pensum • Grand-messe • Soporifique

«LA RÉUNION EST LE SEUL MOMENT OÙ ON PEUT PERDRE SON TEMPS OFFICIELLEMENT !»
GABS.

ÇA DOIT ÊTRE
UN CADRE IMPORTANT,
IL EST TOUJOURS
EN RÉUNION !!!
10 09
GABS.

RÉUNION
ILS SONT ENFERMÉS ET RACONTENT N'IMPORTE QUOI...
C'EST LOFT-STORY !
GABS.

MAIS NON, PENSES-TU!
TU NE ME DÉRANGES PAS,
JE SUIS EN
RÉUNION !!!
GABS.

PRENONS TOUS EXEMPLE SUR NOTRE AMI MICHALEAU: DEPUIS 3 ANS QU'IL FAIT DES ENQUÊTES CLIENTS, IL GARDE TOUJOURS LE MORAL !!!
GABS.

BAC + 10 !
ET
0 RÉUNION...
GAMIN !!!
GABS.

LES RÉUNIONS C'EST COMME LES REPAS DE FAMILLE...
...ON A RIEN À SE DIRE...
...MAIS ON EST OBLIGÉ D'Y VENIR !!!
GABS.

GABS.

AH, SI LES MURS POUVAIENT PARLER...
ON VOUS VIRERAIT TOUS !!!
GABS.

un cadre c'est quelqu'un qui a tellement de travail qu'il n'arrête pas de se réunir pour savoir par lequel commencer !!!
RÉUNION
GABS.

UNE RÉUNION SANS CONSULTANT, C'EST QUAND ON AURA DES CLIENTS SATISFAITS...
GABS.

"GRANDS FAUVES DANS LA SAVANE, RÉUNIS AUTOUR D'UN POINT D'EAU."
GABS.

IL RATTRAPE SES RTT EN RÉUNION !!!
GABS.

SI ON SE RÉUNIT POUR NE RIEN SE DIRE PEUT-ÊTRE SERIONS-NOUS PLUS UTILES À NE RIEN FAIRE DANS NOS BUREAUX ?
GABS.

MAIS COMMENT FAIRE POUR QUE CES RÉUNIONS SOIENT EFFICACES ?
LES SUPPRIMER !!!
GABS.

Quand c'est fini ça recommence !

Conclusion • Synthèse • Rapporteur • Debriefing • Reformulation • Compte rendu

CE FUT UN BON FORUM : ON N'A PAS TROUVÉ DE SOLUTIONS, MAIS ON A RESPECTÉ LES HORAIRES !!!
GABS.

EXCUSEZ-MOI ! JE ME SUIS TROMPÉ DE SOCIÉTÉ !!!
GABS.

FALLAIT ME DIRE QUE C'ÉTAIT UNE RÉUNION OÙ ON ALLAIT VRAIMENT TRAVAILLER, J'AURAIS PRÉPARÉ...
GABS.

ET QUAND ILS NE SONT PAS EN RÉUNION, QU'EST-CE QU'ILS FONT ?
ILS PRÉPARENT LA PROCHAINE !
GABS.

AU TERME DE CES 3H45 DE RÉUNION FORCE EST DE CONSTATER QUE NOUS SOMMES COMPLÈTEMENT HORS SUJET...
GABS.

GABS.

BIEN! NOUS AVONS PROGRESSÉ : CETTE RÉUNION N'A ABOUTIT Ā RIEN... MAIS PLUS RAPIDEMENT!!!
GABS.

C'EST NICKEL ! T'AS PLUS QU'À FAIRE LA SYNTHÈSE !!!
GABS.

UN VOLONTAIRE POUR ÊTRE RAPPORTEUR ?
GABS.

TU FAIS QUOI APRÈS LA RÉUNION ?
UNE AUTRE RÉUNION... POURQUOI ?
GABS.

NE LE REVEILLONS PAS, IL SERA PRÊT POUR LA PROCHAINE!!!
GABS.

ALORS ? QUELLE EST LA CONCLUSION DE CETTE RÉUNION ?
EN FAIRE UNE AUTRE ?
JE L'SAVAIS ! JE L'SAVAIS !
GABS.

CONCLUSION:
ON PASSE PLUS DE TEMPS
EN RÉUNION QUE
SUR LE TERRAIN !!!
GABS.

À QUOI TU PENSES ?
AUX COLLÈGUES QUI SONT EN RÉUNION !!!
GABS.

Dépôt légal : avril 2003
N° d'éditeur : 6928
Imprimé en France par Pollina s.a., 85400 Luçon - n° L89473

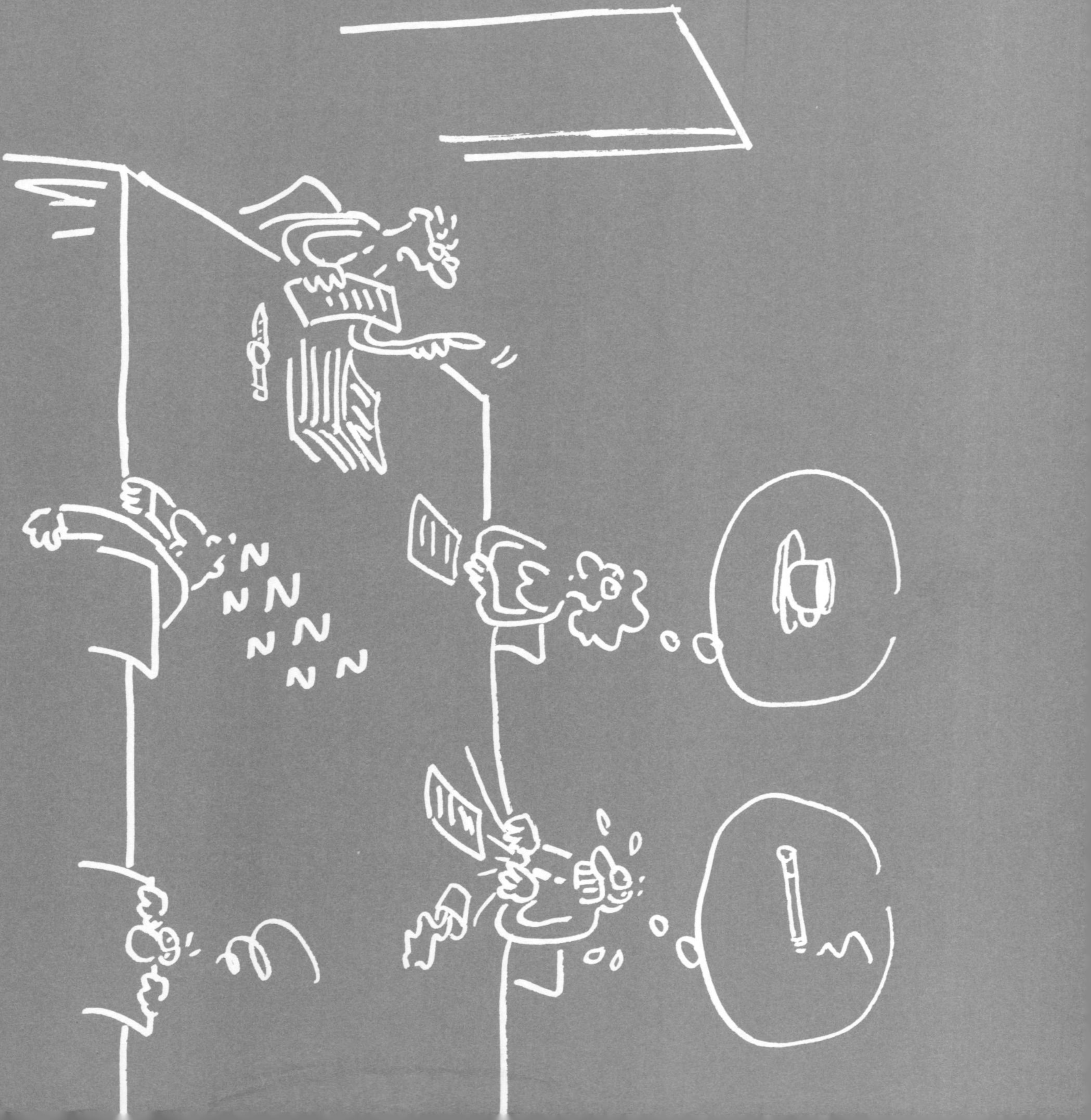